Sembra sempre impossibile finche' non viene fatto

Come Smettere di pensare troppo

La guida efficace e voloce per smettere di pensare troppo.

Tecniche e mini-abitudini facili da imparare per guarire stress, ansia ed eliminare i pensieri negativi

GIANLUCA FORNARI

Nota Legale

iii

Indice

Non si può scegliere il modo di morire. E nemmeno il giorno. Si può soltanto decidere come vivere. Ora.

Introduzione

P ensare è una grande dipendenza dei nostri tempi. Non mi riferisco a un pensare sano e controllato, ma al cosiddetto "pensare troppo", cioe' il pensare troppo e in modo sconclusionato, senza validi motivi.

È quella sensazione che provi quando inizi a riflettere su qualcosa e non arrivi ad alcuna conclusione. La tua mente, inizia a generare un pensiero dietro l'altro, sempre più dannoso e soprattutto inutile.

Questo e' quello che i buddhisti chiamano "la scimmia impazzita".La mente salta in continuazione da un pensiero a un altro, come una scimmia che salta da un ramo all'altro senza sapere dove sta andando ne perché. La scimmia è allucinata, avvelenata, incattivita e si fara' del male!

Quando caschi nella trappola del pensare troppo, non hai il controllo della tua mente. È come un'automobile ad alta velocità senza nessuno al volante. Tu sei sul sedile del passeggero e non sai dove arriverai e come ci arriverai, ma non fai niente per fermare questa folle corsa.

Quando ti trovi in questa sensazione, si generano in te una profonda confusione e una sensazione di smarrimento.Se continui a pensare troppo, la tua mente, esausta, ti lancera' segnali fisici chiarissimi: stanchezza cronica, difficoltà visive, giramenti di testa, mal di testa, uno stress onnipresente e con il perdurare, possono sopraggiungere anche ansia e depressione, attachi di panico spesso associati a comportanmenti ossessivo-compulsivi nei casi piu' gravi.

La mente è uno strumento potentissimo, ma lavora bene solo se ogni tanto le concediamo una pausa.

Com' è possibile farlo? Smettendo di pensare ovvio vero? Purtroppo non e' cosi semplice.

Quando ti senti intrappolato nelle tue preoccupazioni e nei tuoi pensieri "costringersi a non pensare" non è di grande aiuto. Per capirci meglio, è un po' come essere nelle sabbie mobili: più ci si muove con l'obbietivo di liberarsi e più si sprofonda rimanendovi impantanati.

Tra le principali definizioni quella che sembra meglio interpretare il fenomeno dell'pensare troppo è quella di Susan Nolen-Hoesksema, Psicologa e ricercatrice presso l'università di Yale. Secondo la psicologa il pensare troppo e' la risposta a un disagio concentrandosi sulle cause e su cio' che I loro problemi possono causare, senza intraprendere nessuna attivita' di problem solving".

Se infatti il problem solving e' l'attività di pensiero utile ad analizzare un'avvenimento, in modo da creare buone alternative e spingerci all'azione, la stessa può trasformarsi in invasiva e logorante. Una trappola che non da spazio al cambiamento ma solo al disagio e al non star bene.

Pensare troppo non vuol dire essere intelligenti, al contrario di come molti pensano.

Come comportarsi quindi con un pensare troppo?

Innanzitutto, facendo un'analisi della situazione oggettiva attivando cosi'un processo di soluzione del problema accurato. L'individuo sarà spinto all'azione e al cambiamento a scapito dell'inattività. Il senso di efficacia nel fronteggiare tale situazione, infondera' ottimismo e si sentira'incoraggiato e rinforzato.

Altre volte e' meglio evitare di entrare in merito al problema, condividendo invece attività piacevoli che consentano l'abbandono di tali pensieri nocivi e improduttivi, permettendo alla persona di concentrarsi sul qui e sull'ora.

Qualsiasi sia la strategia risulta essenziale assumere un atteggiamento di ascolto attivo e di comprensione, evitando qualsivoglia giudizio. Quest'ultimo infatti aggiungerebbe frustrazione, aggravando la tendenza alla ruminazione.

L'pensare troppo può essere di difficile soluzione in taluni casi, da parte del soggetto o di una persona cara che lo affianchi. Solo chiedendo aiuto e rivolgendosi a un professionista permette di ripristinare una situazione di benessere psichico, riavendo cosi' la propria vita, e i propri pensieri sotto controllo, ma in modo emotivamente e cognitivamente più funzionale.

Il pensare troppo non è sempre patologico per fortuna: lo diventa quando questa serie di pensieri vaghi è logorante e crea disagio nella vita di tutti i giorni. Le vittime dell'pensare troppo, hanno delle caratteristiche in comune: vogliono tenere la situazione sotto controllo e, di conseguenza, utilizzano questo pensiero per analizzare in modo approfondito qualsiasi situazione o problema. Questi soggetti razionali, vivono distaccati dagli aspetti emotivi.

Cambia tutto, invece, quando l'pensare troppo e'utilizzato come forma di ruminazione (dall'inglese 'rumination'), di pensare continuo ed incessante. A questo atteggiamento è connessa una forma di aggressività, poiché la ruminazione puo' originare delle forme di risentimento che creano disagio e possono compromettere le relazionali interpersonali.

Più in generale invece, l'pensare troppo è una strategia atta ad affrontare una situazione che genera preoccupazione, timore e dolore, immaginando una serie di scenari e di azioni per combatterlo ed evitare (o almeno, cercare di arginare) le conseguenze, che dal soggetto, vengono considerate catastrofiche. Possiamo decidere se continuare a essere prigionieri dei nostri pensieri, oppure se essere consapevoli di noi stessi, delle nostre emozioni e accetarle, senza giudicarci negativamente.

L'pensare troppo ha una via d'uscita!

Non cercare vie irrealizzabili, il primo passo è sempre prenderti cura di te.

Il pensare troppo crea una rottura tra la tua mente, il tuo corpo e le tue emozioni, per tornare a star bene devi metterli in connessione tra loro di nuovo

Se sei arrivato fino a qui la tua mente sta prosciugando le tue energie, sottraendole al tuo corpo e al tuo stato emotivo. Per farlo è essenziale cambiare gli occhi con cui osservi il mondo, non sei quel pensiero, sei molto di più e meriti molto di più!

"Gli uomini non sono prigionieri dei loro destini, ma sono solo prigionieri delle loro menti"

FRANKLIN D. ROOSEVELT

Il segreto della salute fisica e mentale non sta nel lamentarsi del passato, né nel preoccuparsi del futuro, ma nel vivere il momento presente con saggezza e serietà

Pensare troppo: cos'è e come capire le forme patologiche di questo disturbo

La capacità di pensare è uno dei doni che abbiamo come esseri umani. Il nostro cervello produce idee e attività mentali che ci forniscono l'oppportunita' di avere informazioni, risolvere problemi, fare pianificazioni e imparare dal passato. Il pensiero ci consente di costituire società complesse e di svilupparci come specie nel tempo.

Come tutte le abilità, se utilizzate in modo abnorme, si deteriorano creando una vera e propria confusione mentale.

Con il termine inglese pensare troppo si vuole idintificare un interminabile sequenza di pensieri senza logica che vanno in loop, mandando in tilt la mente e logorando il corpo, facendo provocare stress, ansia e difficoltà a concentrarsi. Questo pensare incessantemente e' dannoso alla mente cosi come per il fisico, non porta da nessuna parte e ci rende vulnerabili.

L'attività dell'pensare troppo differisce fra sessi, non solo perche'viene affrontata diversamente, ma anche perché I due sessi hanno una vita emotiva differente.

La medicina si domanda sulla possibilità di trovare cure che comprendano la persona nel suo complesso, sesso compreso, ma cosa significa pensare troppo e cosa dice la scienza?

Pensare troppo: da cosa è causato?

L'pensare troppo, significa "pensare troppo", concerne uno stato mentale dovuto allo stile di vita dei giorni nostri, in cui la reperibilita', il multitasking, le vite parallele sui social e da una cultura digitale che si insinua ovunque e che porta diverse persone a costruirsi una vita nel "Metaverso", a volte anche diversa da quella reale.

Questo stato diventa patologico, quando questa serie di pensieri diventa logorante e crea disagio nella vita quotidiana. Se invece una persona utilizza l'pensare troppo per risolvere un problema, questo rimuginare non avrà nulla di patologico ma rappresenterà una modalità di problem solving.

L'pensare troppo si mostra in momenti particolari: dopo un forte stress o un cambiamento sul lavoro, nello studio, o durante alcune scelte di vita che ognuno di noi puo' fare nel proprio percorso di vita. L'pensare troppo può essere utilizzato come arma difensiva. Pensiamo agli studenti che si ritovano all'esame di maturità e devono decidere se continuare gli studi o entrare nel mondo del lavoro; oppure a chi, durante il lockdown,ha avuto difficoltà economiche. In questi casi l'pensare troppo e' giusto che sopravvenga, poiche' e' una strategia di problem solving, pur causando malessere.E' molto diverso invece, quando l'pensare troppo lo si utilizza come forma di ruminazione, dall'inglese rumination, e tocca ogni sfera della vita quotidiana. A questo atteggiamento negativo spesso e' legata una forma di aggressività: dalla ruminazione possono esplodere forme di risentimento che creano difficoltà e compromettono le relazioni interpersonali.

Perche' pensiamo troppo?

Il rimuginare è tipico di chi è portato contiunamente a pensare ad eventi negativi passati e a situazioni negative future.

In questi casi pensare troppo e' dannoso al cervello poichè è spesso associato con l'ansia e la depressione, ti rende impotente e blocca le capacita' di problem-solving.

La psicologa Susan Nolen-Hoeksema spiega che rimuginare è come bere troppo o mangiare troppo, esso infatti e' una compensazione che serve a riempire un vuoto o una paura.

In sintesi pensiamo di potere avere il controllo quando pensiamo troppo, magari perché crediamo di analizzare al meglio una situazione o scoprire delle verità nascoste in fondo ai ricordi.

Ma la realtà è che molte persone rimuginano per staccarsi dalla realtà ed evitare di affrontare i loro problemi.

Ci vuole una buona dose di coraggio per abbandonare le manie di controllo e vivere senza pensieri, senza essere prigionieri delle nostre menti.

Non si puo' cambiare la realta in essere. Per cambiare bisogna realizzare un nuovo modello che renda vecchio il modello precedente"

Buckminster Fuller

È il modello da sistemare, e il modello inizia dal nostro modo di pensare, di osservare noi stessi e una specifica situazione.

Poichè non è la mancanza d'impiego il problema, forse abbiamo scelto l' impiego non adatto a noi.

Magari non e' essere fuori corso il problema, forse perchè non c'e' passione per la facolta' che si studia e si ha l'inconsapevole desiderio di fare altro.

Per vivere meglio la vita e I problemi che possono insorgere dobbiamo pensare a una cosa sola: TUTTO È CONNESSO...

L'agire con i nostri pensieri,
i nostri pensieri con le nostre emozioni,
le nostre emozioni con il modo in cui siamo visti,
il modo in cui siamo visti con le opportunità che ci
vengono date,
le opportunità che ci vengono date con il nostro livello
sociale,
il nostro livello sociale con il nostro livello di
soddisfazione,
il nostro livello di compiacimento con la nostra felicità.

Lo spostamento di un fiocco di neve può generare una valanga, e la causa puo' essere un fallimento, una voglia di riscatto nata nell'infanzia, la causa di un gesto sconsiderato una mancanza diaffetto. Quando la nostra vita viene vissuta a pieno con attività coinvolgenti riusciamo ad avere una riserva di energia infinita, mentre quando evitiamo di vivere per rimuginare questa energia svanisce nel nulla, in un turbinio di pensieri che non lasciano la mente serena.

Un modo perfetto per smettere di pensare troppo è quello di di agire, fare, e di trovare qualcosa che possa distrarci e convogliare la nostra attenzione.

Se pensare troppo fa male alla testa e all'anima, agire libera la mente e smuove il corpo, fa sentire vivi.

Chiunque finisce per ossessionarsi su un'idea o un pensiero.

La differenza tra pensiero eccessivo e pensiero eccesivo sano è il risultato finale.

Se ti ritrovi a pensare a un problema così da ottenere una migliore soluzione, probabilmente non stai rimuginando.

Ma se il tuo continuo pensare non ti da soluzione o non è sotto controllo è più probabile sia ruminazione.

La ruminazione può avere diverse forme: pensare all'infinito quando si prende una decisione (e poi metterla in discussione), cercare di prevedere il futuro, concentrarsi sui dettagli ecc.

Le persone che tendono a rimuginare in maniera ossesiva hanno una sorta di "voce" che giudica, critica e analizza tutto ciò che fanno o hanno fatto e si preoccupa per il futuro. Questa voce ci restituisce una sensazione di vergogna per come sono.

Non si dorme perché le preoccupazioni e i pensieri ci tengono svegli.

Le cause del rimuginio possono essere varie e legate a diversi fattori.

Alcuni di questi e' l'essere perfezionista, la bassa autostima oppure l'uso dei pensieri ripetitivi come modalità di protezione che tende a perpetuare l'abitudine stessa.

Se pensiamo di agire senza fare errori il risultato è che andremo a iperanalizzare qualsiasi mossa facciamo.

La bassa autostima e' la causa per cui si pensa eccessivamente proprio perché siamo insicuri di quello che facciamo e di come gli altri la penseranno.

Altri fattori scatenanti e cause includono:

Il pensare che attraverso la ruminazione potremmo capire meglio un problema o la nostra vita.

un fattore di stress specifico, come la fine di una relazione
un evento traumatico o una serie di traumi emotivi o fisici
l'essere vittima di violenza psicologica
un evento stressante imminente, come un esame finale o una prestazione importante, affrontare una paura o una fobia specifica (es. fobia sociale)

La ruminazioneche persiste, specialmente quando una persona prova altri sintomi psicologici, può mostrare una condizione di salute mentale. La rimuginazione in alcuni casi non è un disturbo di salute mentale, può essere una concausa di altre condizioni come i disturbi ansiosi- depressive, i disordini alimentari, l'uso di sostanze e il disturbo ossessivo-compulsivo. La ruminazione è presente anche in chi ha avuto dolore o malattie corniche.

Che cosa significa avere pensieri intrusivi?

Qualsiasi persona puo' manifestare pensieri intrusivi o ossessivi.

Questo sta ad indicare che non sono sempre il risultato di una condizione di salute mentale né indicano necessariamente che c'è un problema clinico

Per alcune persone questi pensieri potrebbero essere il sintomo di un disturb più profondo.

I Disturbi nei quali si mostra il Rimuginio eccessivo e' il disturbo ossessivo-compulsivo

Il disturbo Ossessivo-Compulsivo si presenta con pensieri intrusive senza controllo. Questi pensieri ossessivi possono portare la persona a ripetere alcuni comportamenti (compulsioni) sperando di diminuirli e di prevenirli

Alcuni esempi possono essere l'aver chiuso la porta, pulizia eccessiva, paura di malattie.

Una persona con questo problema può avere comportamenti quali controllare continuamente la serratura molte volte o lavarsi continuamente le mani.

In questo caso è il caso di fare un percorso terapeutico e spesso di utilizzare anche un sostegno farmacologico.

L'unica gioia al mondo è
cominciare. È bello vivere
perché vivere è
cominciare, sempre, ad
ogni istante.

I pensieri sono come le onde del mare, vanno, vengono, si increspano, spumeggiano si infrangono, svaniscono.

Pensare troppo: quali sono i sintomi?

C hi soffre di pensare troppo si sente impotente ed è incapace di agire, di formulare decisioni e di avanzare. A questo si puo' accompagnare insonnia, disturbi dell'alimentazione, fino ad atteggiamenti autodistruttivi, collera, rabbia, comportamenti che minano la salute in modo più o meno grave.

Le vittime dell'pensare troppo hanno caratteristiche comuni: Solitamente sono razionali e si distaccano dagli aspetti emotivi. L'attenzione mentale si concentra solo su alcuni aspetti e argomenti.

L'pensare troppo porta ad avere pensieri e comportamenti ricorrenti, ovvero:

Pensare in maniera eccessiva al passato

Rimpianti e risentimenti fanno parte di questa categoria di pensieri: chi ne soffre vuole una vita diversa, sul lavoro, nello studio; e pensa piu' volte alla scelta compiuta.

Pensare troppo al presente

È anche possibile rimuginare o pensare troppo sul presente: relazioni, circostanze, personalità. Ci si interroga se la relazione che si ha sia giusta, se i propri pensieri o comportamenti influenzano quella relazione. Ci si concentra sui propri difetti, sulle frustrazioni, sulle mancanze

Pensare troppo al futuro

Pensare troppo al futuro fa parte della categoria delle "preoccupazioni".

Ci si preoccupa per qualcosa che accade a breve: un esame, una presentazione imminente per il lavoro o la scuola;. Oppure si pensa troppo per problemi esistenziali a lungo termine: "Mi realizzerò nella vita?" o "Mi sposerò?", "Otterò la felicità?".

Pensare troppo e riposo

L'pensare troppo e i sintomi conseguenti di ansia e depressione possono influire negativamente sulla qualità del sonno, dormire poco potrà portare ad aumentare la fatica e lo stress e una stanchezza sistematica che influirà negativamente sull'umore e sulla qualità di vita, in un turbinio di malessere generale che apparira' senza soluzione.

Pensare troppo: quali sono le conseguenze?

L'pensare troppo, se trasgurato, può portare a un reale stato di disagio psichico. Essere martellati da pensieri caotici e irrefrenabili può avere, infatti come risultato una serie di conseguenze che non vanno assolutamente prese sotto gamba.Le più comuni troviamo:

Ansia
Stress
Mal di testa
Confusione
Deficit dell'attenzione
Senso di disagio costante
Insoddisfazione perenne
Depressione
Dipendenze
Disturbi alimentari
Insonnia
Rischio di comportamenti autodistruttivi
Incapacità a gestire il futuro

Attenzione ai bambini, questa patologia colpisce qualsiasi essere umano sia in grado di formulare pensieri, quindi anche i piccoli; saranno i genitori a capire se esiste un disagio. L'pensare troppo si manifesta nell'età in cui i bambini cominciano a pensare sui problemi e su ciò che puo' accadere. Il ragazzo sente una sorta di spinta, di obbligo al pensiero continuo e non smette di pensare fino a quando non ha l'impressione che siano risolte. Il genitore può aiutare il ragazzo portandolo sul piano della realtà, ma anche della fantasia. È importante infatti, che i più piccoli tengano la fluidità di pensiero, giocando, stimolando creatività e fantasia.

Pensare troppo: come smettere di pensare troppo?

P er dire addio all'pensare troppo ci sono diverse tecniche che si possono mettere in campo per diminuire il pensiero e trovare il giusto equilibrio. Spesso c'è l'urgenza di uno stop all'incessante ruminare della mente.

Bisogna partire da soluzioni semplici che ripristino il le emozioni, il lifestyle interrompendo cosi' il senso di frustrazione e i pensieri negativi, e scoprendo un passo alla volta un atteggiamento positivo che porti a riconquistare la felicità e una buona serenità.

Cinque semplici soluzioniche che puoi provare:

Imparare a rilassarsi

Per fermare l'pensare troppo sono utili le tecniche di rilassamento. Ogni attività che fa "staccare la testa" è perfetta per far diminuire il pensiero. Un metodo semplice: respirare profondamente, fare una passeggiata, fare yoga o cucinare, fare un corso di meditazione, ascoltare musica ricamare.

Ognuno sceglierà ciò che sente più utile alle proprie esigenze e al proprio essere.

Praticare la consapevolezza

Anche la mindfulness, esercizio che ti permette di essere consapevole senza giudicarsi ne di sé che dei propri pensieri, aiuta a uscire dal loop dell'overtinking. La consapevolezza non è facile e non è una soluzione rapida, ma la pratica continua aiuta a diventare più consapevoli, smettere di avere pensieri inutili e scegliere modelli di pensiero e di azione più salutari, misurano il grado di attenzione che si ha dei problemi e dei pensieri.

Dare il giusto peso ai problemi

"Se non c'è soluzione al problema, non perdete tempo a preoccuparvene. Se c'è una soluzione al problema, non preoccuparvene"

Facile a dirsi, non altrettanto a farsi. Una volta che si ha la consapevolezza dell'pensare troppo ci si può fermare e decidere che non vale la pena a focalizzarsi su quel problema, oppure decidere di affrontarlo attivamente, senza tergiversare per ottenere i risultati sperati.

Parlarne

Un mantra nella terapia cognitivo-comportamentale è: "I pensieri non sono fatti". È di fondamentale importanza ricordarlo, perché i pensieri su noi stessi, il nostro futuro, il nostro passato possono sembrare fatti: "Non sono simpatico/a perché non mi piaccio". Ecco perché parlare con

19

qualcuno e ottenere un'opinione fuori campo aiuta a modificare il modo in cui si pensa o si percepisce una situazione.

Impara dagli animali domestici

Di fronte allo stress, il nostro organismo attiva le stesse risposte fisiologiche di quello animale. Senza però poter disattivarle con rapidità, allo stesso modo. Il punto è che gli animali ci danno esempio di come imparare a vivere il momento ed essere felici.

Se però l'pensare troppo si manifesta come una ossessione da cui non si ha via d'uscita in autonomia, sarà necessario consultare uno specialista per la gestione della patologia e l'interruzione del pensiero ossessivo e che aiuti chi ne e' affetto ad emergere positivamente.

La vita sceglie la musica,
noi scegliamo come
ballarla.

Come smettere di rimuginare: tecniche e strategie

La crescita personale e professionale è un percorso pieno di ostacoli, soprattutto se sei uno/a che tende a bloccarsi pensando troppo e agendo poco. Parliamo del "rimuginio ossessivo": una pratica che manda in loop la mente, e che spinge a riflettere su un problema, senza soluzione: rimuginare, è una delle azioni più pericolose perchè blocca sul nascere ogni iniziativa, perchè ci porta a sovrastimare un problema e a cercare soluzioni cervellotiche. Una pratica questa, che fa sorgere ulteriori pensieri e spinge ad un pensiero negative davvero senza fine. Come smettere di rimuginare, dunque? Vediamo le migliori tecniche e strategie.

Smettila di pensare al passato

Uno dei modi migliori metodi, è smettere di pensare al passato. Riflettere su un problema e' un'azione molto costruttiva, ma solo se orientata al futuro: ad esempio, chiederti per quale motivo le cose siano andate storte è un ottimo sistema per fermarti in questioni senza alcuna utilità. La prima cosa da fare, dunque, è lasciarsi alle spalle quanto accaduto, e concentrarsi su cosa di positivo potrà accaderti in futuro: pensando solo ad una soluzione utile e attuale potrai liberarti delle scimmie che distruggono la tua testa e la tua psiche, svuotando cosi' la mente ed evitando di rimuginare sul passato che, purtroppo, nessuno potrà mai cambiare.

La strategia zen dell'albero dei guai

Ti hanno respinto ad un esame? Non hanno accettato la tua candidatura ad un colloquio? Pazienza: sappi che rimuginare e farti avvelenare da questi pensieri non porta a nulla, facendoti perdere tempo ed energie mentali preziose. D'altronde parliamo della vita quotidiana, che non ha mai fermato nessuno. Da questa prospettiva, la filosofia zen ti da una soluzione per smettere di rimuginare: l'albero dei guai. In cosa consiste questa metafora? Dovrai creare un tuo rituale che funzionera' come un appendi-abiti, sul quale appendere i tuoi pensieri negativi: ad esempio, tornato a casa potrai guardati un bel film, oppure scrivere i tuoi problemi su un foglio. Svuotando la mente, recupererai le tue energie e affronterai in modo costruttivo i tuoi problemi, prendendoli dall'albero con uno spirito del tutto diverso.

Allena la mente con la tecnica della visualizzazione

Spesso smettere di pensare troppo e' impossibile, soprattutto per colpa degli stimoli che ti arrivano dal mondo esterno, e che ti portano a pensare ossessivamente ai tuoi problemi e ai tuoi fallimenti. Ed è qui che devi imparare a creare, nella tua mente, un'isola felice tua e solo tua. Immagina, ad esempio, di avere nella tua mente una stanza isolata dal mondo: quando vai a dormire, oppure quando vuoi concentrarti per mandare avanti la tua vita, il tuo lavoro, la tua carriera universitaria, rifugiati dentro di essa e fingi che il mondo non esista. Diventando padrone della tua mente, potrai attingere alle sue energie ed evitare di perderle rimuginando inutilmente.

Concentra tutto sui 5 sensi

Visualizzare è un procedimento efficace per smettere di rimuginare, ma che deve essere limitata per non perdere il contatto con la realtà che ti gira in torno. Per questo motivo, devi imparare a immergerti maggiormente nel mondo, imparare a sfruttare i tuoi 5 sensi per risvegliare la tua partecipazione, dunque, la tua voglia di procedere con positività e freschezza. Non e'una missione impossibile: esci di casa, fai dello sport vai al parco, immergiti nelle relazioni sociali e impara che ciò che conta è la bellezza di quello che puo' accaderti oggi o domani, e non quello che ti è successo ieri.

Strategie pratiche per smettere di rimuginare

C ercare di controllare la mente è un'impresa inutile. Molto più semplice assecondarla e lentamente incanalarla verso percorsi più costruttivi. Per capirci: difficilmente riusciremo a sviluppare il distacco zen, ma tutti possiamo incominciare ad adottare questi 3 semplici stratagemmi:

Sostituisci i "Perché"

Il "perché" è una parola potente, ma questa parolina è anche molto pericolosa.

Quando i nostri "perché" sono proiettati al futuro e ai nostri obiettivi danno motivazione, ma al contrario se sono rivolti al passato e alle nostre problematiche generano in noi frustrazione.

Quando ti chiedi: "perché è capitato proprio a me?", "perché ho agito in quel modo?", "perché gli altri si sono comportati così?"… "perché, perché, perché?".

Una mente che sta rimuginando è alla continua ricerca di spiegazioni per cose successe nel passato e che a volte non hanno una motivazione razionale e che semplicemente bisogna imparare ad accettare.

Ogni volta che arrivano questi inutili "perché", ripeti nella tua mente questo pensiero di Marco Aurelio, filosofo stoico, scrittore ed imperatore romano:

"Niente puo' capitare a nessuno, che non sia per natura in grado di reggere."

Marco Aurelio.

Rifugiati nel tuo "monastero"

La seconda strategia che voglio proporti prende spunto proprio da questo luogo di ritiro e silenzio.

Prova a pensarci: quando la tua mente si ritrova a rimuginare spesso lo fa su pensieri che non sono tuoi e non ti appartengono! Le parole del tuo capo, del tuo partner, dei tuoi colleghi, si trasformano in dischi che riecheggiano senza sosta nel tuo cervello.

In questi occasioni, utilizza questa tecnica di visualizzazione:

immagina che nascosto nella tua mente ci sia un luogo sacro, un monastero. Ogni volta che lo vorrai potrai trovar rifugio nel tuo monastero e lasciare fuori tutta quella M...A (scusa l'espressione) che ingolfa i tuoi pensieri.

Un consiglio: per renderla efficace la visualizzazione, ritagliati ogni giorno un po' di tempo ed immagina nei dettagli di avvicinarti a questo monastero e di entrare nella "stanza del silenzio" che e' solo tua.

Dove sei: in collina, vicino al mare, in montagna?

Che forma ha la struttura del monastero?

Si sentono degli odori particolari?

Che ora del giorno sono?

Che tempo fa?

Com'è la tua stanza del silenzio: luminosa, spaziosa, vedi altri dettagli?

Cosa fai una volta entrato: ti siedi (se sì, dove?), ti affacci alla finestra per ammirare il paesaggio circostante? ti stendi?

Più dettagli ci saranno che riuscirai a visualizzare e più efficente sarà l'esercizio.

Ps. Come gia' detto, le parole che riempiono la mente non ci appartengono: indagare su queste "voci mentali" può farci capire molto sulla loro origine e su come possiamo silenziarle

Pensare in modo ossessivo al passato non fa altro che prosciugare le energie indispensabili per costruire il nostro futuro. Non lo permettere!!

Come fermare il PENSARE TROPPO: Il pensiero eccessivo

Molla il CONTROLLO SU TUTTO

È difficile. Ma questa è la strada principale. Pretendere di essere certi ti porta costantemente a fare ipotesi. A immaginare l'imprevedibile. A fare illazioni errate sull'imponderabile.

Come farlo? Sforzandoti di contattare un potentissimo strumento della mente. Il distacco.

Capisci che non puoi piacere a chi unque

Se desideri ottenerlo, è anche più difficile del precedente, ma quando sperimenterai la giusta distanza da chi ti circonda, capirai che ridurre il grado di dipendenza dal consenso degli altri, sarà un tocca sana.

assorbire energiealtrui e' un modo di essere empatici solo apparentemente utile a te e a chi tis ta di fronte

Puoi star vicino a chi ami nei modi più sani e protettivi, rispetto all'eccesso di empatia. Potete fare cose nuove insieme, un tuffo in piscina come una passeggiata o andare a vedere un film, o cucinare.

Spesso siamo pervasi dal pensiero eccessivo perché diamo modo agli altri di riempirci dei loro contenuti: non devi pensare per qualcun altro. Contrlla i tuoi confini, sarà di gran lunga meglio per tutti.

Immagina di avere vicino a te un testimone

Aver vicino lo sguardo di questa parte di te, e'un strumento efficace per fermare il flusso negativo del pensiero poiche'attiverai meccanismi autocorrettivi.

Il potere della percezione

I nostri sensi sono un'arma incredibile contro l'eccesso di pensiero automatico.Il rumore della pioggia, la luce che filtra dalla tenda, il sapore di una mela in bocca: sono gli alleati a cui potrai sempre chiedere aiuto.

Aumenta la presenza mentale tramite il ricordo di te stesso

Il ricordo di sé ti consente di'essere ben piantato nel momento presente. Che emozioni ti attraversano? Concedigli di lasciarle fluire come onde alte, non entrare in lotta con loro. Non serve a niente se non a toglierti energie proseguendo nel vortice dei pensieri intossicanti.

Nella mente tutto e' possibile: domandati quanto sei il mago di te stesso?

Sei sicuro che nella mente ci siano dei contenuti diversi rispetto al mondo dei sogni?

La mente che dice a te "puoi" mentre sogni è la stessa che ti ferma nei pensieri più vincolanti mentre sei cosciente.

Non criticarti se pensi troppo

Lo fanno tutti. La critica su di sé ha potere di interrompere ogni forma di cambiamento.

Per questo l'accettazione di parti di te che rifiuti è il primo passo verso la loro integrazione con le tue parti più luminose.

"Prendi tempo per riflettere ma quando è giunta l'ora di agire smetti di pensare e scendi in campo."

La ricetta per smettere di pensare troppo

P rima di leggere questa ricetta ti chiedo di fermarti un attimo a pensare alla tua giornata di oggi e rispondere a questa domanda: durante questa giornata hai compiuto un azione pensando ad un'altra cosa?

Per esempio durante la colazione ti sei gustato i biscotti o pensavi gia' a come gestire la giornata lavorativa?? Mentre ti lavavi la faccia hai sentito l'acqua sulla pelle o la tua mente stave gia facendo la lista della spesa?

Spesso quando pongo queste domande scopro quanto siamo schiavi dell'pensare troppo, ossia dei pensieri persistenti che non si fermano. La frenesia in cui viviamo ci ha portato a fare più cose contemporaneamente o a credere che il multitasking sia fighissimo (NON E'VERO!).

La realtà è che pensare è dannoso, faticoso e controproducente! L'pensare troppo è strettamente legato ad ansia e depressione, disturbi alimentari ed insonnia. Direi troppo, troppo pesante!

Il paradosso è che pensare troppo non aiuta a trovare soluzioni anzi!!!

Quindi questa ricetta ha proprio lo scopo di ridurre questo fastidioso meccanismo e attivarne di maggiormente positivi!

INGREDIENTI

- 1 kg di "qui ed ora"

- 100 g di attenzione selettiva

- 200 g di organizzazione e pianificazione

- 1 segnale chiaro

- 1 manciata abbondante di gratitudine

PREPARAZIONE

Incominciamo la ricetta con l'ingrediente principale: il "qui ed ora". Essere nel qui ed ora vuol dire vivere nel presente! Che faccia colazione, lavando i denti, organizzando l'agenda mattutina è importante porre attenzione alle azioni che sto facendo concentrandomi sulle sensazioni sensoriali che si presentano in quel momento.

Vivere il "qui ed ora" da valore ad ogni singola azione da cui si puo' trarre vantaggio senza affollare la mente di ulteriori pensieri! Ora aggiungiamo 100g di attenzione selettiva. L'attenzione è un processo cognitivo che ci porta a selezionare alcuni stimoli presenti nell'ambiente e di ignorarne altri. Non possiamo porre l'attenzione a troppe cose contemporaneamente, perche' e' faticoso e controproducente!

Per evitare l'pensare troppo quindi devo porre l'attenzione solo a quello che sto facendo.

E' come immaginare un faro che illumina l'azione che sto compiendo e il resto e' al buio! Concentrandomi sulla luce...

trovo la luce interiore! Ora aggiungiamo 200g di programmazione, perché gia' mi immagino le vostre domande e a cosa state pensando: "come faccio a focalizzare l'attenzione qunado sono presissimo da tante cose???" quindi e' urgente una sana organizzazione!

Scrivete i vostri impegni quotidiani su un foglio, date delle prorita' ed eliminate quelli delegabili o inutili! Fate attenzione che il tempo è molto democratico, se gli impegni sono maggiori delle ore disponibili... probabibilmente la pianificazione è scorretta!

Ora mescolate con 1 segnale chiaro: spesso abbiamo sovraccarichi di stress e pensieri ...e neanche ce ne accorgiamo! È importante quindi avere un segnale che ci consente di monitorare la situazione. Posso usare una sveglia impostata su ogni ora che mi ricordi di fare SOLO quello che avevo pianificato oppure premiarmi ogni volta che porto a termine un (UNO SOLO) compito! Infine una bella manciata abbondante di gratitudine. Mostrare gratitudine aiuta a rimanere nel momento presente perché ci consiglia di pensare a ciò per cui ti senti grato e a notare in che modo stia indicando il qui e ora, per di piu'essere grati ci consente di capire quali sono le cose che ci arrichiscono la vita e ti possono aiutare a scegliere!

Metti tutto nel forno e prima di assaggiare prova a pensare come vorresti la tua vita ideale, meriti di vivere una vita all'altezza dei tuoi sogni. Rinchiudi i pensieri del "fare" in una scatola e concediti di vivere i momenti piu belli e importanti della tua vita!

Esercizio dei pensieri sulle foglie

Molto particolare oltre che utile e suggestivo è il cosiddetto esercizio dei pensieri sulle foglie:

Pensa di essere in campagna, di fronte a un ruscello. L'acqua fluisce lentamente e sopra l'acqua sono posate delle grandi foglie. Queste foglie proseguono lungo il corso del ruscello. Ora poggia i tuoi pensieri, qualsiasi pensiero che ti passa per la tua mente, su queste foglie grandi. Una volta appoggiati lasciali lì, semplicemente, e guardali.

Continua ora a guardarli e rilassarti per qualche minuto e respire profondamente. Adesso chiudi gli occhi, concentrati, e dopo aver messo ogni pensiero in una di queste foglie lasciarlo andare via.

Non dire niente, appoggia i tuoi pensieri sulle foglie e osservali mentre si allontanano, guarda le foglie trasportate dal fiume che portano via i tuoi pensieri, guarda il fiume che scorre, e rimani così per quattro, cinque minuti.

I passi per cominciare a smettere di rimuginare già da oggi.

1) Acquisisci la consapevolezza della tua abitudine a pensare troppo

Prima di uscire da un circolo vizioso mentale bisogna essere consapevoli di quando si manifesta. Ogni volta che ti ritrovi a pensare troppo o sei stressato, preoccupato, ansioso fai un passo indietro e guarda la situazione e a come stai rispondendo.

In quel atimo di consapevolezza c'è il seme del rinnovamento: diventando consapevole di te stesso potrai riprendere il controllo.

Presta attenzione al modo in cui parli a te stesso, perché quella voce interiore (spesso negativa) continua a farti del male.

Un ottimo modo per apprendere la consapevolezza è la Meditazione (in particolare Mindfulness): porre attenzione al qui ed ora riporta la tua mente al momento presente e la libera dale ripetitive preoccupazioni. La Meditazione aiuta la nostra mente a focalizzarsi sui sensi che sui pensieri.

I 5 sensi sono un veicolo di intuizione incredibile e facendo attenzione ad ognuno di essi puoi centrarti nel momento presente.

Quando la tua mente è in frenetico loop, prova a riportarla al qui ed ora.

Sfida i tuoi pensieri e mettili in discussione

È facile rendere le cose più grandi e più brute di quello che sono: la mente è molto brava in questo.

Se inizi rimuginare su un pensiero ripetitivo, mettilo in discussione.

Pensare a come i tuoi pensieri non siano precisi può aiutarti a rimetterli sotto una giusta prospettiva: nella stra grande maggioranza dei casi un pensiero catastrofico non ha basi nella realtà, ma è un tentativo della mente di anticipare un altro dolore emotivo (leggi il punto 8).

Puoi far crescere un po' di distanza psicologica facendo altre interpretazioni della situazione, facendo in modo che i tuoi pensieri negativi siano meno credibili.

Inoltre, un altro modo per diminuire le preoccupazioni è quello di valutare la nostra consapevolezza di affrontare anche i casi peggiori.

Prova a chiederti:

questi pensieri sono reali? o sono distorsioni cognitive?

sto rimuginando su qualcosa al di fuori dal mio controllo?

qual è la cosa peggiore che può accadere?

posso affrontarla?

Molto spesso la risposta è Si. Gli esseri umani sono molto resilienti.

Ricorda, a volte le nostre più grandi difficoltà possono trasformarsi nelle nostre più grandi risorse.

NON cercare la Perfezione

Questo punto è molto importante.

Essere ambiziosi e' giusto, ma ambire alla perfezione è irrealistico, poco pratico e debilitante.

Nell' attimo in cui inizi a pensare "Devo essere perfetto!" stai rifiutando la tua natura di essere umano.

Concentrati sul progredire, non sulla perfezione.

Cercare di essere dei perfzionisti a tutti i costi senza darsi la possibilità di sbagliare è alla base della tendenza a rimuginare.

Siamo tutti imperfetti ed e' giusto che sia così.

Cerca di capire cosa innesca il Rimuginio

Quando ti ritovi a pensare troppo, annotate in quale situazione sei: questo include dove sei, che cosa stai facendo e con chi stai interagendo.

Fare caso al tuo stato emotivo è importante per conoscere le cause della tua ruminazione.

Quando si e' in terapia ci si focalizza molto sull'ascolto delle proprie emozioni e dei propri pensieri.

Si apprende la capacità di osservarsi dall'esterno per capire a fondo le cause delle proprie preoccupazioni.

Pianifica le azioni da mettere in atto

In molti casi, il rimugino è dovuto da una sola emozione: la paura.

Quando ti concentri su tutte le cose negative che possono succedere, è facile rimanere paralizzato.

La prossima volta che te ne rendi conto di andare in questa direzione, bloccati

Invece di ripetere gli stessi pensieri concentrati su uno di questi e imposta una strategia per agire.

Prova a pensare ad ogni piccolo accorgimento per poter far fronte al problema o scrivilo su un foglio.

Sii più preciso possibile e realistico: scrivere i tuoi pensieri su un foglio ti aiuta a dividerli dall'esterno così da poterli affrontare uno per uno.

Imposta un Tempo definito per Riflettere

Poniti dei limiti.

Imposta un tempo di 3-5 minuti e dedicalo a pensare ed analizzare.

Dopodiché, anche se la mente continua sugli stessi pensieri, ricordale che l'affronterai il giorno dopo.

Delimitare la tua mente è un ottimo modo per cominciare ad avere più controllo sulla tua parte emotiva.

Cerca delle distrazioni

A volte è utile avere delle distrazioni con alternative positive.

Le distrazioni rompono il circolo vizioso mentale delle preoccupazioni eccessive.

Cerca intorno a te o ragiona su alcune idee che puoi mettere in atto per progredire nella tua vita.

Cose come ballare, imparare uno strumento, fare esercizio fisico, dipingere, sistemare la casa, leggere un libro o guardare un film aiutano ad entrare nello stato di flusso e allontanare la tua abitudine alla ruminazione.

Ricorda che non puoi predire il Futuro

Dottore, perche' questa preoccupazione onnipresente?

Lo abbiamo gia' detto prima ma lo voglio sottolineare:

La preoccupazione è dovuta dall'anticipare un evento negativo futuro.

La mente è una macchina anticipatoria e crea costantemente delle aspettative future (soprattutto negative)

Essa si e' progredita per proteggerci dai pericoli che abbiamo affrontato durante l'evoluzione sul pianeta terra.

In pratica, cerca di ragionare su ciò che succederà basandosi sulle esperienze passate e presenti.

È come se ti dicessi:

"Questo è il mio futuro e mi devo preparare.... "

Quando però le preoccupazioni per il futuro sono troppo eccessive e poco obiettive (come nel caso dell'ansia anticipatoria) allora la nostra salute mentale ne patisce enormemente.

La nostra vision futura di ciò che potrebbe succedere è fortemente condizionata dal vissuto, o meglio dalle storie e dalle interpretazioni che abbiamo dato di queste esperienze.

Non siamo condizionati dal nostro passato, ma dalle interpretazioni e storie su di esso.

Perciò te lo ribadisco:

quando la tua mente costruisce scenari catastrofici lo fa per proteggerti dal dolore e dalla sofferenza che hai già vissuto in precedenza, non ti sta mostrando come stanno realmente le cose.

Lavora sul migliorare la tua Autostima

La paura che si nasconde nella tendenza a pensare tropo è basata sulla sensazione profonda di non essere abbastanza: non abbastanza adeguati, intelligenti, incapaci, non all'altezza ecc.

Ricorda che puoi sentirti soddisfatto di te stesso anche se non arrivi a un risultato sperato ma ti sei realmente impegnato.

Il successo dipendere anche da molte altre cose fuori dal tuo controllo.

Pratica la Gratitudine

E' stato dimostrato che la gratitudine aiuta a migliorare la nostra vita. Dedicare ogni giorno qualche minuto ad essere grati per ciò che si ha, ha un impatto profondo sulla nostra salute mentale e sul nostro benessere.

fai ogni giorno, una lista di ciò di cui sei grato.

Cambiare i tuoi meccanismi di pensiero ripetitivi può essere difficile e complesso e possono avere cause molto profonde, ma con la pratica puoi aiutare la tua mente a percepire le cose in maniera diversa e ridurre l'ansia e lo stress che provi.

Con la consapevolezza, mettendo in discussione i tuoi schemi di pensiero e facendo alcune modifiche al tuo stile di vita, puoi liberarti dal rimuginio eccessivo.

La mattina, quando ti svegli, ricorda sempre che tu sei la persona più importante della tua vita. Abbine cura.

"Se ci pensi troppo la
magia scappa e rimani
solo con la realtà in mano"

Fermare il Rimuginio Mentale suggerimenti

Q ui di seguito i suggerimenti con qualche commento aggiuntivo, con la speranza che possano dare un semplice spunto di riflessione per chi si trova a dover fare i conti con problemi di rimugino.

Prendere provvedimenti al più presto possibile

Per far si che l'abitudine alla ruminazione mentale venga trasformata in una consolidata modalità di pensiero, bisogna adottare qualche provvedimento nel più breve tempo possibile. Specifiche connessioni neurali tendono infatti a rafforzarsi insieme alla modalità prevalente secondo la quale specifiche abitudini di pensiero vengono ripetute. Provare a rompere determinati schemi mentali il prima possibile renderà più probabile il successo.

Concentrati sulla prossima azione da compiere

Anziche' lasciare libera la mente di pensare a fantasiosi scenari futuri, puo' essere utile usare le proprie forze in modo produttivo. Per dire stop alla ruminazione mentale basta fare un solo passo in avanti. Anche nei piani più difficili non basta avere un obiettivo a lungo termine. E' fondamentale avere chiara anche la prossima mossa da attuare. Per quanto possa sembrare banale dalla soluzione ai nostri problemi, agire concretamente può diminuire l'ansia e l'ossessione.

Immagina un segnale di STOP

Quando la mente è incasinata in pensieri a circuito chiuso, possiamo immaginare un segnale di STOP, ripetendo a mente anche la relativa parola e' piuù efficace se pronunciandolo alziamo anche la mano. Questa può essere un'abitudine nuova che ci fa rendere conto che si è giunti ad un limite eccessivo di invischiamento nei pensieri, e che bisogna reindirizzare la mente su questioni più produttive.

Usa l'acronimo STOP

Usa la parola STOP come acronimo per farti ricordare di:

1. Fermarti! (Stop)

2. Respira! (Take a breath)

3. Osserva cosa succede attorno a te! (Observe...)

4. Vai avanti con il prossimo passo! (Proceed...)

Tutto questo aiuta la mente a concentrarsi sulle questioni principali e ad evitare pensieri intrusivi.

Comprendi quando sei vulnerabile al pensiero ossessivo e negativo

Stati psicofisici come la stanchezza, la rabbia o emozioni come la solitudine, compromettono la capacità di elaborare il pensiero con chiarezza, oltre a spingere in direzione di un atteggiamento di negatività. E' dunque fondamentale donare equilibrio al proprio organismo nella sua globalità. A volte è sufficiente prendere qualche corretta abitudine alimentare o fornire le necessarie ore di sonno.

Attorniati di persone capaci di sdrammatizzare e che non "pensano troppo"

E' dimostrato che assumiamo i medesimi atteggiamenti che hanno le cinque persone con cui passiamo la maggior parte del nostro tempo. La corretta scelta delle persone con cui condividere il nostro tempo, soprattutto in momenti in cui la nostra mente è sotto attacco dal rimuginio mentale, può rivelarsi dunque un aiuto prezioso.

Lascia dei promemoria nell'ambiente in cui vivi

Per placare la mente e mantenere il focus sul presente possiamo anche collocare nel nostro casa o in ufficio dei promemoria (ad esempio un bigliettino) con dei pensieri-seme a cui ispirarsi. Possono essere frasi semplici come: ", "affronta un problema per volta", mantieni la semplicità" "lascia correre le cose", ecc..

Fissare un tempo limite per prendere una decisione

Quando lasciamo alla ruminazione ossessiva il potere di interferire con la capacità di prendere decisioni in tempi ragionevoli, oltre a disperdere molte energie psicofisiche abbiamo anche il rischio di complicare le cose più del necessario. Sicuramente per prendere decisioni importanti è necessario disporre del tempo congruo per poter avere tutte le informazioni utili a fare la miglior scelta possibile. A volte però la decisione non si realizza in tempi corretti a causa della nostra incapacità di uscire dal rimuginio mentale in cui sono rinchiusi i nostri pensieri.

Quindi può essere utile imporsi una "data di scadenza" razionalmente sensata e un limite di tempo nell'arco della giornata (ad esempio mezz'ora) nel quale impegnarsi a isolare le riflessioni su un determinato problema. Avendo questo atteggiamento la mente, per il resto del tempo, può così essere libera di potersi concentrare anche su altri aspetti della quotidianità.

Porre un limite sul quante volte controlliamo le notizie sui social

Quando siamo sotto rimuginio mentale, la nostra mente è già vittima di un eccesso di informazioni. Perchè allora aumentare con altra benzina sul fuoco? Il silenzio è un valore oggi troppo spesso sottovalutato. Non solo il silenzio esteriore, ma soprattutto anche quello interiore. Diminuire l'accesso ai nostri profili social a poche volte al giorno è un ottimo passo verso la creazione in noi stessi di spazio di silenzio e pace mentale, molto utile soprattutto quando la mente è vittima del pensiero ossessivo.

Darsi delle pause ricreative regolari che diminuiscono il rimuginio mentale

Per diminuire l'incremento di ansia o tensione legate al "pensare troppo", e' d'aiuto prendere la sana abitudine a concedersi alcune pause regolari, durante le quali fare cose ricreative. Fare due parole con un amico o un collega, prendendersi un caffè, può essere sufficiente, purchè non si parli delle nostre preoccupazioni. Proviamo, per una volta, ad ascoltare con vero interesse che cosa l'altro ci voglia comunicare. Proviamo ad avvicinarci alle sue emozioni.

Impara qualcosa di nuovo

Se si riesce a tenere impegnata la mente in qualcosa di interessante (frequentare corsi ,leggere, andare in posti nuovi, ecc.) meno spazio le sarà dato per essere vittima del pensiero a circuito chiuso.

Spesso le migliori soluzioni vengono spontaneamente proprio quando la mente si concede uno "stacco" da ciò su cui il pensiero si sofferma insistentemente.

Considera la possibilita' di soffrire di depressione o ansia eccessiva

La depressione spesso si manifesta anche assieme a stati di tipo ansioso. Nel caso in cui il nostro rimuginio abbia alla base una modifica del tono dell'umore, o qualche alto livello di tipo ansioso, bisogna consultare uno psicologo per valutare lo stato del nostro equilibrio psicologico.

Una Tecnica per Imparare a Essere Ottimisti

La determinazione non e' uguale alla forza di volontà: questa si finisce velocemente, la determinazione no. Quando sei determinato a fare un qualcosa lo fai il meglio possibile, con tutta l'energia che hai; quando metti in campo la forza di volontà è un "ok mi impegno ma non ce la metto tutta".

Quando sei determinato FAI, quando metti in campo la forza di volontà PROVI. Nel primo caso hai maggiori possibilità di riuscita.

Un cosa molto importante da capire prima di spiegare la tecnica è la seguente: essere ottimisti è UNA SCELTA. Vedere il bicchiere mezzo pieno o mezzo vuoto o tutto pieno come lo vedo io è una scelta. Questa è una cosa assolutamente da comprendere, la seconda è divenirne consapevole.

La consapevolezza è una scelta,ora lo sei perché te l'ho detto io, ora sei tu a mettere in pratica quello che ti dirò e a uscire dalla zona di comfort

"EH MA IO SONO FATTO/A COSÌ"

Ti avviso che se non annienti questo pensiero tutto sarà inutile. Quindi se sei consapevole a impegnarti seriamente eccoti qualcosa di banale, ma di molto potente. La tecnica semplicissima per essere ottimisti si chiama FREEZE FRAME, tradotto: Congela l'Attimo.

Abbiamo definite che essere ottimisti è una scelta quindi in ogni situazione di vita puoi osservare la situazione in due modi: costruttivo o distruttivo, potenziante o depotenziante. Ecco la classificazione di come le persone reagiscono ad una determinata situazione.

Situazione > Reazione Distruttiva:

pongo sempre un problema
ho sempre una scusa
Mi dico: "non è il mio lavoro"
Ho un problema per ogni soluzione
Mi dico: "Realizzabile ma troppo difficile"

Situazione > Reazione Costruttiva:

Ho sempre una soluzione
Ho sempre un piano
Mi dico: "io lo faccio"
Ho una soluzione per ogni problema
Mi dico: "sì difficile ma realizzabile"

La mia domanda per te è:

DOVE TI TROVI PIÙ SPESSO?

Risponditi in maniera sincera.Essere onesto con te stesso è importante perché in questo caso c'è in gioco molto da perdere. Ora, perché si chiama Freeze Frame? Lo capirai presto, ecco cosa devi fare.

Trascrivi su un foglio di carta tutti questi punti e posizionali su due colonne: a sinistra HO SEMPRE UN PROBLEMA e immediatamente a destra sulla stessa riga HO SEMPRE UNA SOLUZIONE e vai avanti cosi'

Portati SEMPRE quel foglietto con te perché a partire da oggi in poi sarà la tua salvezza.

Trascorri le tue giornate e quando succede qualcosa che ti fa vibrare in negativo (solitamente è un emozione) fai un FREEZE FRAME. E quindi:

FERMATI!

Prima di agire o pensare qualsiasi cosa guarda il foglietto e chiediti? In quale punto sono ora? Sono nella colonna di destra o sono a sinistra? Sono nel distruttivo o nel costruttivo?

supponiamo che sei nel "HO SEMPRE UN PROBLEMA".

Guarda il foglio e ti accorgi che in questa situazione che vivi ti stai focalizzando sul problema a sinistra pero' c'è il consiglio per te:

"HO SEMPRE UNA SOLUZIONE"

Bene, chiediti: quali soluzioni ho a disposizione per questo problema? Come posso risolvere questo problema? Che capacità devo mettere in pratica per risolvere questo problema?

E vedrai che:

Sei riuscito ad evitare guai ancora più seri
il problema sparira in un secondo
in alcuni casi hai salvato la giornata dalla solita giornata no
stai insegnando al tuo cervello a pensare in modo diverso

FIDATI QUESTA È UNA TECNICA PER IMPARARE A ESSERE OTTIMISTI NON POTENTE, DI PIÙ.

I passaggi sono:

Comprendi che l'essere ottimisti è una scleta
Comprendi che stai per vivere una situazione distruttiva
fermati
guarda il tuo foglietto
guarda in quale Colonna sei
agisci con in modo opposto di dove sei ora

L'uomo è ciò in cui crede.
L'uomo è l'immagine dei
suoi pensieri quindi
spesso l'uomo diventa
quello che crede di
essere."

Gli esercizi per smettere di pensare troppo

Visualizzazione

U n metodo potente per avere un cambiamento del comportamento positivo è la visualizzazione. Devi intenzionalmente programmare la tua mente per vedere solo le cose positive che vuoi che accadano.

Gli studi hanno ampliamente dimostrato che la visualizzazione è uno dei migliori modi per diminuire lo stress e riportare la mente alla pace quando si vuole ritrovare l'equilibrio.

Lo conoscono bene i popoli orientali che da tanto tempo praticano questa attività.

Costruisciti uno stato mentale, usa un dipinto o ascolta musica rilassante, chiudi gli occhi e immagina la tua giornata per come vorresti che andasse. Questa tecnica ti viene in aiuto quando vuoi organizzare i pensieri e vuoi metterti a tuo agio.

Quando immagini cose belle, cose che desideri, cose che sogni, ti senti immediatamente bene, ti senti felice e sorridi. Un piccolo segnale per il tuo corpo di armonia e prosperità.

Quando visualizzi di vivere il tuo sogno, il tuo cervello lo lavora come se stesse accadendo nell'esatto momento in cui lo pensi. Questo è il segreto per sfruttare le potenzialità della tua mente per stare bene.

Una volta che senti il benessere con la visualizzazione la tua psiche inizia a reagire in maniera differente. Nel tuo subconscio la psiche inizia ad a considerare che esistono altre possibilità, nuovi scenari futuri positivi. Quando la realtà interiore cambia, puoi cambiare e influenzare l'ambiente che ti circonda.

Cominciarai a sorrifere di più e questo porterà le persone ad essere più propense verso te, ad esempio.

Attività Fisica

ogni forma di attività fisica prevenire o riduce l'entità di malattie mentali come la depressione. Studi dimostrano inoltre che lo sport ha un effetto positivo sull'autostima negli adulti.

L'esercizio fisico aumenta l'umore e abbassa i livelli di stress, permettendoti di affrontare le sfide in modo più positivo, ottimista e costruttivo. I ricercatori hanno scoperto che un attivita' fisica con una durata da 20 a 30 minuti eseguito 3 volte a settimana comporterebbe benefici psicologici e riduzione dello stress.

aumentando la durata dello sforzo fino a 60 minuti i benefici psicologici possono aumentare.

Prova a pedalare, correre, nuotare, fare yoga, pilates o camminare.

Nessun discorso negativo su se stessi

La nostra mente umana è programmata per la sopravvivenza. È impostato ad evitare situazioni di pericolo.

Ecco perché elabora pensieri negativi velocemente rispetto a quelli positivi. I pensieri possono essere negativi o positivi. Il pensiero positivo parte con l'auto-parlare, iniziando a visualizzare una situazione che vorremmo esistesse. Parlare a se stessi positivamente genera comportamenti positivi e pensieri positivi.

L'auto-talk negativo è il risultato di idee sbagliate, pregiudizi, giudizi, convinzioni limitanti, mancanza di informazioni e ipotesi. Pensa il numero di ipotesi negative con cui dai cibo al tuo cervello e pensa di sostituirli con pensieri positivi. Comincerai a sentirti più leggero. Prova a farlo.

Una distrazione

Noti che quando sei occupato il tempo vola. Questo perché diventa importante avere la mente occupata con cose produttive. Sembra un semplice consiglio, ma tutti ce lo dimentichiamo e andiamo in una sorta di "letargo". Distrarsi è buono e utile per smettere di pensare troppo. Questo è perche' amiamo guardare i film o perdere del tempo sui social network.

Se non credi prova a fare questo. La prossima volta che ti siedi davanti a un film di fantascienza o comico preferito, osserva come evadi in un mondo diverso per alcune ore. Abbiamo tutti bisogno per distrarci un po' di attività. Personalmente a me accade quando mi siedo e con carta e penna scrivo, sono trasportato in un luogo di felicità e di creatività.O ancora quando passeggio in un bosco e pedalo in sella alla mia bici. Mi libera la mente e mi rilassa.

Presta attenzione, il pensare troppo è come un ciclo senza fine e quando diventa un'abitudine non ti accorgi nemmeno che stai pensando troppo, negoziando con te stesso.

Una distrazione ludica come un aperitivo con gli amici, un rituale quotidiano, abitudini come la lettura o qualsiasi altra cosa è molto utile per deviare la tua mente e aiutare la tua mente a smettere di pensare.

Inizialmente richiede tempo, ma non rinunciare e non mollare. Devi essere costante, pensalo come un allenamento in palestra. Devi allenare e abituare la tua mente al cambiamento.

Uno sbocco creativo

Una delle tecniche per smettere di pensare troppo è avere qualcosa di creative da fare. Una prporzione dice che l'esercizio fisico sta al corpo come la lettura di un libro stia alla mente.

La ruminazione mentale uccide la creatività e immobilizza la tua produttività. Per questo quando pensiamo troppoleggiamo poco, siamo privi di idee e creatività. Il pensare troppo uccide la fantasia.

Un hobby di natura artistica ti aiuta a sentirti bene, se ci pensi bene alcune attività artistiche come la musica sono utilizzate anche come terapia.

Quando passi del tempo facendo un hobby creativo nel momento esatto in cui lo fai entri in uno stato di benessere e piacere che ti porta a bloccare il pensare troppo rimettendo in moto la creatività.

Un buon sonno

Il sonno non va MAI compromesso. Con l'arrivo dei social media, delle serie tv su internet e di tutti i contenuti online tendiamo a sacrificare il sonno a scapito dei ritmi naturali del nostro corpo e questo non va assolutamente bene!

Per comprendere l'importanza del sonno ti faccio una domanda: come puoi versare qualcosa da una tazza vuota? Questo è quello che accade al tuo corpo quando non dormi a sufficienza o non lo fai con serenità.

Il tuo corpo sarà vuoto e più facilitato ad assorbire tutto come una spugna, senza alcun filtro. Terreno fertile per lo sviluppo della ruminazione mentale!

Prima di andare a letto la sovrastimolazione riduce velocemente la melatonina, l'ormone che porta il sonno, come un circolo vizioso a disturbare il ciclo del sonno.

Riposare in maniera ideale è fondamentale. Non importa il tempo 8 o 6 ore di sonno, ognuno ha le sue esigenze ma ciò che è più importante è la qualità, banale ma e' vero!!

L'esercizio per smettere di pensare per alcuni, anche quello più difficile e' il seguente. Non usare assolutamente qualsiasi strumento tecnologico almeno un'ora prima di coricarti. Niente telefonino, pc o televisione, ti concedo solo una buona e ristoratrice lettura.

Un sonno di qualità rigenerante ti aiuta a essere attivo e rimesso a nuovo pronto ad evitare con più facilità la ruminazione mentale.

Evitare le ricadute

L'abitudine al rimuginare non se ne va facilmente. È una tecnica di pensiero disfunzionale, che fa male al nostro umore e alla nostra capacità di reagire alle sfide della vita. Purtroppo anche quando ci rendiamo conto di tutto questo, smettere del tutto non è per niente facile.

Per evitare le ricadute, si consiglia di stare attenti alle situazioni che ci mettono in difficoltà. Tutti abbiamo i nostri punti deboli e un po' alla volta impariamo a capire cosa fa scattare la ruminazione.

secondo me consiglio assolutamente prezioso - smettere di perseguire obiettivi non nostri. Troppe volte per sentirci accettati e amati ci mettiamo in testa di fare cose che in verità non ci appartengono?

Ad esempio vogliamo ottenere un certo importo di stipendio, o un certo peso forma, o a vestirci in un certo modo per essere accettati da un certo gruppo di persone.

Non voglio dire che questo tipo di obiettivi siano sbagliati, anzi. Sono giustissimi se sono i tuoi, se si allineano con i tuoi valori e le cose che sono per te importanti. Se invece è l'ambiente che ti circonda che ti fa apparire desiderabili queste cose, mentre per te sono ben altri aspetti della tua vita piu' desiderabili, ecco allora bisogna essere coraggiosi e lasciare andare tutti questi obiettivi che non sono I tuoi.

Spesso poi si nasconde dentro di noi la pretesa di dovere essere sempre bravi, buoni, gentili e di piacere a tutti.

Essenzialmente dobbiamo abbandonare l'obiettivo che ogni relazione e ogni incontro con altre persone siano positivi e che noi non saremo mai di fastidio per gli altri. Questo non è possibile e crea anche molta infelicità nelle nostre vite.

Tra le strategie per non ricadere nella vecchia abitudine di pensare troppo, va inclusa anche l'avere un modo gentile e compassionevole verso se stessi.

Inserire sempre nella nostra routine giornaliera qualche attività piacevole e gratificante. Riuscire in questo soprattutto nei momenti più difficili o impegnativi della nostra vita è essenziale per sentire di avere la vita nelle proprie mani.

**Se puoi cambiare idea,
puoi cambiare la tua vita**

"Imparare senza pensare è
fatica sprecata.

Pensare senza imparare è
pericoloso."

Imparare a meditare con più facilità

La meditazione è un esercitazione per raggiungere il rilassamento con esercizi di concentrazione e consapevolezza. Perché vale la pena praticarla? E come imparare? La meditazione per principianti in otto passi

La meditazione è un percorso verso il rilassamento profondo del corpo. Questa pratica è un allenamento mentale che attenua lo stress, l'ansia e annulla i pensieri negativi.

La meditazione da tempo è una componente fondamentale di molti metodi di rilassamento scientificamente adottati come lo yoga, il training autogeno, o il programma per ridurre lo stress attraverso la consapevolezza MBSR (Mindfulness-Based Stress Reduction) e non è legata alla spiritualità.

Imparare a meditare: guida per principianti

All'inizio serve un po' di pazienza e di allenamento per raggiungere la calma. Proseguite sempre allo stesso modo, così da instaurare una routine. Il corpo cosi interiorizzerà e automatizzerà facilmente lo stato di quiete. Questa miniguida alla meditazione in otto passi vi aiuterà in questo percorso:

Scegliete un posto tranquillo

Non fatevi disturbare, né da persone né da rumori di sottofondo o dal vostro cellulare.

Vestitevi con abbigliamento caldo e comodo

State seduti immobili, la temperatura del corpo cala.

Sedetevi in posizione comoda

Dovete essere a vostro agio, quindi che stiate seduti su una sedia, in posizione eretta o distesa non importa ciò che conta ripeto è che vi sentiate comodi e tranquilli. Con l'aiuto di un cuscino o di un ascigamano vi potete aiutare a rimanere in una certa posizione in maniera stabile, ma pur sempre rilassata.

Tenete una postura dritta

State dritti con la colonna vertebrale, inclinate leggermente il mento verso il petto, rilassate le spalle lasciandole cadere all'indietro. Le mani vanno appoggiate rilassate sulle cosce o ginocchia. Ora respirare liberamente.

Impostate un sveglia

Cominciate con sessioni brevi di meditazioni. Iniziate con 5 minuti e aumentate con calma fino a raggiungere 10 minuti, una volta che siete a vostro agio potete anche fare una pausa consapevole e poi continuare a meditare ancora per qualche istante. In questo modo allenate maggiormente la vostra capacità di concentrazione e fare meditazioni prolungate sarà più facile.

Partite dalla meditazione: cercate il respire, dovete percepirlo

Nella meditazione la respirazione è uno mezzo per stabilizzare la mente per calmarsi. La nostra mente si muove senza fermarsi mai nel passato, ma anche nel futuro. Se però vi riesce difficile percepire il respiro, rivolgete la vostra concentrazione su una parte del vostro corpo alla volta. Immaginate di perdere la tensione muscolare in quel punto. Dopo averla eliminata, prendete coscenza della parte del corpo interessata e sentite le sensazioni. Una volta completato il viaggio attraverso tutte le parti del corpo, diffondete la percezionedentro di voi. Provate a lasciarvi andare e ad sentite le reazioni che ne fuoriescono.

Lasciate passare i pensieri

Accettate tutti i pensieri che fuoriescono, ma senza restarci attaccato. Il vostro compito è solo quello di guardare, cioè accettare i pensieri e lasciarli andar via come nuvole nel cielo. Oppure pensate di trovarvi alla stazione e che i vostri pensieri siano un treno che sfreccia via.

Conclusione della meditazione: ritornate pian piano in voi

Non alzatevi troppo in fretta, ma aspettate ancora qualche minuto. Allungatevi erespirate profondamente per 10 secondi. Aprite gli occhi, sollevatevi lentamente e bevete il vostro tè preferito (preparatelo prima!) guardando fuori dalla finestra. Ora siete pieni di energia e pronti per affrontare la giornata.

Vi è difficile meditare soli?

I migliori esercizi di rilassamento

Perché è importante rilassarsi

L'essere umano necessita anche di momenti di serenità e di profondo rilassamento. Se non c'e' l'equilibrio tra tensione e rilassamento siamo meno efficienti e il benessere è sotto attacco. Il motivo: durante le situazioni di stress il corpo produce gli ormoni dello stress, ossia adrenalina e cortisolo. Se queste momenti non sono seguite da da un rilassamento, il corpo non riesce a diminuire la quantità di ormoni. Ciò può portare al sorgere di ipertensione, tensione, problemi di digestione, disturbi del sonno, mal di testa cronici, esaurimento. Fate molta attenzione ai segnali che il vostro corpo vi manda.

Fare del sano rilassamento ha un effetto positivo su corpo e mente

Il rilassamento mirato ci permette di conseguire uno stato di pace interiore. Questo va a inficiare sulla concentrazione e sul corpo: respirando profondamente si riduce il battito cardiaco e la pressione sanguigna. La muscolatura si rilassa e in questo modo arriva più ossigeno agli organi. L'organismo produce gli ormoni della felicità, che aiutano a ridurre lo stress.

Inserendo il rilassamento nella routine quotidiana si riesce a gestire meglio lo stress. Poiché è impossibile evitare situazioni di stress, è fondamentale riuscire a gestirle.

La buona notizia è che non è mai troppo tardi per iniziare a rilassarsi. Per i neofiti sono consigliate le tecniche del training autogeno o del rilassamento muscolare progressivo. In quest tecniche, la mente vaga meno rispetto alla meditazione.

State cercando una tecnica di rilassamento adatta a voi?

Quali esercizi di rilassamento hanno un effetto rapido?

Non importa che esercizio di rilassamento scegliete, l'importante è che venga eseguito regolarmente e che cerchiate veramente di rilassarvi.

Otto metodi di rilassamento spiegati brevemente

La ginnastica respiratoria è un semplice tecnica per ridurre gli effetti negativi del respiro superficiale e rilassarsi. La respirazione è un processo automatico, viene condizionato dai nostri pensieri e dalle nostre sensazioni. Quando siamo stressati, quando assumiamo posture scorrette, respiriamo in modo limitato così come quando facciamo poco movimento.Ciò causa mal di testa, spossatezza, tensioni. Lo scopo della ginnastica respiratoria è quello di inserire una consapevolezza a livello respiratorio. Agisce in maniera positiva sull'intera funzione respiratoria, assicura un migliore apporto di ossigeno. Grazie a un ritmo respiratorio naturale si ritornano in equilibrio anche le tensioni del nostro corpo.

Esercizi di respirazione contro lo stress

Lo stress provoca un'insufficienza respiratoria o un'iperventilazione: respirando in modo affannoso e sembrache ci manchi l'ossigeno.

Questi quattro esercizi sono utili e facili da inserire nella routine quotidiana.

Seguite le istruzioni un passoalla volta e percepite come la tensione si dissolva dopo pochi attimi e come il la mente ed il corpo si rilassino.

Un abbraccio distende e fa bene al cervello

Quindi un abbraccio e un po' di coccole, ha un effetto terapeutico. Il corpo produce neurotrasmettitori che ci rilassano e ci rendono felici. Un effetto tranquillizzante è dato in particolare dal cosiddetto ormone delle coccole, l'ossitocina, aiuta a diminuire lo stress e rafforza i legami interpersonali ed inoltre rafforza il sistema cardiocircolatorio.

I contatti fisici sono insostituibili.

Già dopo otto settimane, il feto è in grado di sentire le carezze tramite la pancia della mamma. Fin dalla inizio, necessitiamo di un contatto fisico stretto: soprattutto i neonati ne hanno particolare bisogno perchè il sistema nervoso e il cervello si sviluppino.

Sulla nostra pelle ci sono fino a 20 milioni di cellule sensoriali sensibili in grado di inviare segnali istantanei al cervello. Per tante persone l'interazione fisica è un'esigenza per tutta la vita.

I contatti fisici influiscono sul nostro stato mentale. Ci aiutano anche a essere sani dal punto di vista fisico. In assenza di abbracci e di interazione da stress e ipertensione e abbassa il sistema immunitario.

Gli abbracci come soluzione contro le paure e lo stress

L'importante e'abbracciarsi per almeno cinque secondi

Gli abbracci di durata maggiore influiscono maggiormente sul nostro benessere rispetto a quelli che durano meno di cinque sec. È stato dimostrato da studi condotti da ricercatori inglesi.

Il benessere che nasce da un abbraccio prolungato e intenso si mostra in vari modi:

Respiriamo più a profondamente.

I muscoli si rilassano.

La pressione diminuisce.

Proviamo meno paura.

Rilassarsi con la respirazione addominale profonda

L'esercizio consapevole della respirazione addominale è ideale quando vi serve una breve break per rilassarvi o se volete concedervi un momento di introspezione. Sdraiatevi a panica in su oppure sedetevi in posizione eretta con la schiena diritta. Mettete le mani sull'addome in modo che le estremità delle dita si sfiorino. Inspirate ed espirate regolarmente e senza stancarvi. Lasciate passare l'aria nel vostro addome e poi nel petto. L'addome si gonfia verso l'esterno e le dita si allontanano tra di loro. Espirate distendendo il torace e di seguito l'addome, che dovrebbe sgonfiarsi in maniera chiara. Quando avete mandato fuori tutta l'aria completamente, inspirate di nuovo quando ne sentite la necessità. Questo può durare anche un paio di secondi. Inspirare attraverso il naso ed espirate con la bocca mi raccomando

Grazie a questa tecnica di respirazione, aumenta la quantità di aria inspirata. L'intero organismo viene ossigenato maggiormente, favorendo il rilassamento. All'inizio, è possibile che sentiate qualche lieve capogiro, dovuto al aumento di ossigeno durante la respirazione. Il tutto si normalizza nel giro di poco tempo.

3. Maggiore calma grazie al rilassamento progressivo della muscolatura

Il rilassamento muscolare progressivo aiuta a rilassarsi. Inspirate lentamente e contraete più muscoli possibile. Trattenete per pochissimo tempo l'aria all'interno ed espirate rilassando i muscoli. Ripetete l'esercizio 5 volte circa. Restate qualche istante seduti o sdraiati per prendere coscienza del rilassamento.

Gli incontri di gruppo prevedono una prima parte di meditazione pratica e un'ultima parte di condivisione delle esperienze vissute durante la pratica. Naturalmente, è altresì previsto un lavoro individuale che dovrà essere eseguito a casa quotidianamente.

Durante gli incontri di gruppo, la voce degli istruttori guida le persone nella meditazione. Per quanto riguarda gli esercizi da praticare a casa, invece, se necessario e previsto, gli istruttori forniranno apposite registrazioni a ciascun individuo.

"Ho scelto di essere come un cane"

E ro in un ristorante, uno di quelli con i tavolini bassi, il menù è vegetariano e la gente si siede su cuscini per terra. Qui trovi sempre qualcuno con cui parlare, se lo vuoi, così come c'è sempre una chitarra che suona. Ti guardi intorno e ci sono persone che si abbracciano sorridendo.

Quel sorriso, però aveva qualcosa. Era sul volto di un uomo sui quarant'anni. La testa rasata, occhi marroni e profondi e un sorriso beato, quello di chi ha appreso tutto della vita. Era davanti a me e quando i nostri occhi si incrociarono, lo salutai. Un'abitudine non comune in Italia, che invece a da alter parti è normalità

Poco dopo stavamo chiaccheravamo, scoprii che era canadese. Gli dissi di esser stato a Vancouver, ma di essermi trasferito a Roma. Mi chiese perché mi piacesse quell'isola e io risposi sinceramente: "Il sorriso della gente!" Lui pronunciò il suo e mi disse una cosa inaspettata: "Ho iniziato a ridere di piu' dopo aver capito che la vita è un regalo".

"Quattro anni fa mi hanno scoperto un tumore. Notti senza dormire, mille pensieri sul futuro, ricerche estenuanti su internet. Quando sei davanti alla morte, perdi la testa e ti chiedi se non hai sprecato la tua vita. Poco dopo l'operazione, la chemio e i risultati positivi dei vari test. Sono guarito, non c'e' traccia di cellule tumorali da 3 anni ormai".

Istintivamente gli chiesi: "Immagino la felicità di guarire da un tumore".

E lui sorprese così:

"La felicità non l'ho guadagnata guarendo dal tumore. Perché non facevo altro che domandarmi se sarebbe ritornato e quanti anni avessi davanti a me e quanti anni avessi sprecato. La felicità l'ho realizzata quando ho compreso che tutto questo era assolutamente inutile".

"Inutile?" chiesi.

"Certo. È inutile! Sai cosa rovina l'uomo? È pensare troppo. Perché quando lo facciamo, invece di vivere, non facciamo altro che distruggerci. Lo sai perché i cani sono sempre felici e scodinzolanti? Perché non pensano a niente se non a vivere. Io ho preso questa decisione di essere come un cane: non importa di quanto tempo ho davanti, non mi interessa di quello che ho fatto finora nella mia vita! Non mi interessa più nulla di trovare un senso, cercare risposte. Voglio semplicemente vivere e il fatto di essere vivo, oggi, mi rende felice. That's it !".

Quello stesso giorno, verso sera, osservavo il cielo infinito, luogo che chiamo casa. Era nero, senza una nuvola ma pieno di stelle.

Ripensaia quello che mi disse l'uomo, alla sua storia e a suo sorriso beato. Il sorriso di chi si è stato di fronte ai titoli di coda ma poi si è reso conto che il suo film, quello della sua vita, non era ancora terminato. E a quel punto ha capito di smettere di pensare troppo e di godersi semplicemente ogni attimo della giornata.

L'avevo già conosciuto più volte il termine che ha utilizzato, "pensare troppo".

Con questa parola gli americani descrivono lo stato di agitazione che ci avvolge quando iniziamo a pensare troppo a qualcosa. Tanti pensieri, sempre più negativi, uno più grande e impegnativo degli altri, che ci portano a sentirci senza fiato.

Di tutto il racconto, mi ha colpito particolarmente la frase sul cane. Disse che voleva vivere come un cane, senza pensare troppo. Il suo nuovo motto era: concentrati sul presente, godi delle piccole cose della vita ed sii grato di essere vivo. Pensare si, ma senza cadere nel pericolo dell'pensare troppo.

La vita può essere fortuna o sfortuna. Non importa di come sia stata la tua giornata se fortunata o sfortunata. Sii grato di averla vissuta e quando ti sveglierai ogni mattina, sii grato di poterne vivere un'altra. Fortunata o sfortunata che possa essere.

Queste riflessioni possono darti una certa ansia.Io stesso ci sono caduto: capire che il nostro tempo è limitato e ogni singola giornata va massimizzata può agitarti e spingerti a farti domande a cui forse l'essere umano non ha risposta,ma dopo aver ascoltato la testimonianza di quell'uomo, ho capito una verità che mi ha aiutato a vivere serenamente: ci sono domande a cui non possiamo dare una risposta.Continuare a farsele sta a significare farsi del male e perdere tempo.

Non importa che un giorno moriremo. Non ci dobbiamo fare ossessionare dal futuro, dal senso della vita abbi fede in te stesso, nell'amore, nell'amicizia, nell'Universo e vivi sereno!

Ci tante persone che vivono un esistenza domandandosi ogni giorno quale sia il loro scopo, magari lo hanno già raggiunto e non lo sanno magari diventando genitori o facendo della propria passione più grande un lavoro. Puntano sempre i in alto, quando in realtà dovrebbero semplicemente osservarsi intorno e dare valore ciò che già hanno.

Alcune domande esistenziali è giusto farsele, ma non dovrebbero mai diventare un'ossessione!

Non dovremmo chiederci tutto il giorno se sfruttiamo bene il nostro tempo, se esiste qualcosa dopo la morte e quale sia il significato di questo viaggio chiamato vita.

Tutto questo è uno spreco di tempo una vita se goduta nel migliore dei modi basta e avanza.

Invece, dovremmo rilassarci, apprezzare le cose su cui abbiamo il controllo e concentrarci sulla realtà.

Dai un senso a ogni singola giornata, è molto più facile di cercare il senso di una vita. Prenderci cura di alter persone ed essere felici di aver regalato felicità, fare ogni giorno qualcosa che ci diverte, impegnare la mente e il corpo in cose che ci fanno stare bene e sono utili

Inparticolar modo dovremmo essere grati di essere vivi. Dovremmo svegliarci ogni giorno ringraziando il Signore, l'Universo o qualunque entità per averci dato un'altra possibilità. E alla sera dovremmo semplicemente essere contenti di aver vissuto un'altra giorno, senza permettere alla mente di saltare verso pensieri sempre più enormi e angoscianti.

Quella sera, guardando il cielo, non presi una decisione importante che avrebbe sconvolto la mia vita. Non mi promise nulla. Decisi solo una cosa: ringraziare il cielo per avermi dato un'altra giornata. Poi preparai una buona cena per me e per la mia compagna e passai il resto della serata a parlare e scherzare con lei.

Con il cuore ricolmo di gratitudine e la mente sgombra da ogni pensiero. Così è molto più facile essere sereni.

È meglio essere ottimisti ed avere torto piuttosto che pessimisti ed avere ragione.

"Nella vita capita anche che, abbassando lo sguardo per cercare ciò che hai perso, scorgi qualcos'altro che vale la pena raccogliere

Cibo per la mente per un avere un cervello in salute

Alimenta la mente: gli effetti dei nutrienti sulla funzione cerebrale

S ebbene il cibo sia identificato solo come fonte di energia per il fisico, emergono maggiori evidenze delle sue capacità di dare elementi indispensabili alla protezione della mente .

Una dieta ricca di acidi grassi omega-3 -che si possono trovare in noci, pesce azzurro, semi di lino hanno un ruolo fondamentale nei processi cognitivi, nella preservazione della funzione sinaptica e della plasticità dei neuroni. Diete invece con contenuto di grassi saturi che si trovano, in carne e formaggi, invece, riducono l'elaborazione cognitiva, aumentando il rischio di disfunzione neurologica. Ciò che mangiamo infatti influenza i processi cerebrali con diversi meccanismi: infatti essi regolano i neurotrasmettitori, aiutando le trasmissioni sinaptiche, cambiando la fluidità delle membrane cellulari e le trasmissione dei segnali nervosi.

Restrizione calorica

Mangiare in modo regolare, o ridurre il contenuto calorico della dieta e'un potenziale mezzo per influire positivamente sulle funzioni cognitive. Le calorie in eccesso riducono la plasticità sinaptica e aumentano la criticità delle cellule provocando la formazione di radicali liberi. Una leggera restrizione calorica è in grado di proteggere il cervello evitandp i danni ossidativi.

Cibi antiossidanti

Il cervello è sensibile all' ossidazione a causa della sua elevata attività metabolica e alla presenza di materiale ossidabile, come gli acidi grassi polinsaturi che costituiscono le membrane delle cellule neurali. Alcuni cibi antiossidanti hanno ottmi effetti sulla funzione neurale. E' stato dimostrato che diversi tipi di bacche hanno la capacità antiossidante grazie alla presenza di tannini, antociani e fenoli I quali riescono ad aumentare la plasticità dell'ippocampo, aiutano l'apprendimento e la memoria. L'acido alfa lipoico, che troviamo in verdure come spinaci e broccoli è un coenzima necessario per mantenere l'omeostasi energetica dei mitocondri che migliorano le funzioni cognitive. L'acido alfa lipoico ha dimostrato che migliora il deficit di memoria e riduce il decadimento cognitivo. La vitamina E, è implicata nelle prestazioni cognitive, la sua diminuzione è associata a una riduzione della memoria negli individui anziani. La vitamina E la si trova nell'olio extravergine di oliva, nei cereali integrali, nelle noci, nelle verdure a foglia verde, essa proteggere le membrane sinaptiche dallo stress ossidativo. Anche la curcuma e il curry ricche di curcumina, riduce il deficit di memoria provocati dall'Alzheimer e dai traumi cerebrali. La curcumina è un ottimo antiossidante che proteggere il cervello da radicali liberi

Dieta ed epigenetica

Anche se i meccanismi molecolari della dieta sull'epigenetica non siano ancora noti, un discreto numero di studi indicano la possibilità che gli effetti della dieta sulla salute mentale possano essere passate attraverso le generazioni. I risultati di questi studi mostrano l'importanza della dieta sull'influenza degli eventi epigenetici, cioè non genetici. Eventi che portano a un cambiamento fenotipico potenzialmente trasmissibile e, quindi, in grado di veicolare potenzialmente le malattie. Ad esempio il rischio di una persona di andare incontro a a morte premature, diabete è aumentato se i nonni paterni sono vissuti in tempi di abbondanza di cibo piuttosto che di carenza.

Dieci alimenti per una mente in forma

Mangiare bene è un tocca sana sulla salute mentale e fisica.

Quali alimenti sono importanti per mantenere la materia grigia in buono stato?

Se si vuole rimanere forti e concentrati nella prossima riunione, fare una dieta varia e farla diventare una consolidata abitudine può dare buoni frutti. Anche se non c'è un singolo "cibo per il cervello" che possa eliminare i disturbi legati all'età come l'Alzheimer o la demenza, fare attenzione a quello che si mangia quotidianamente dà la migliore possibilità di avere tutti i nutrienti di cui necessita per la salute cognitiva.

Seguire una dieta sana ed equilibrata, legata alla stagionalità dei cibi e che includa i 10 alimenti che stimolano il cervello, aiuta a mantenere la memoria e la concentrazione il piu' possibile.

1. Cereali integrali: migliorano attenzione e concentrazione.

Il cervello non può lavorare senza energia cosi' come qualsiasi altro organo. La capacità di concentrazione proviene da una fonte di energia al cervello in forma di glucosio nel sangue. Mangiare cereali integrali non raffinati, come pasta, riso, pane, orzo, farro, avena, miglio, a basso contenuto glicemico, poichè rilascia lentamente il glucosio nel sangue, aiuta la mente a restare attiva e concentrata per tutto il giorno.

2. Pesce azzurro: aiuta una sana funzione cerebrale.

Gli acidi grassi essenziali non sono prodotti dall'organismo, questo vuol dire che devono essere prodotti attraverso la dieta. I grassi omega-3 più efficaci si trovano nei pesci grassi. Anche le fonti vegetali sono ottime per gli acidi grassi le troviamo nei semi di lino, semi di soia, semi di zucca, noci e altra frutta oleaginosa. Questi grassi sono importanti per la funzione cerebrale, delle articolazioni, del cuore, e per il nostro benessere generale. Le principali fonti di pesce grasso sono: aringa e sardine, salmone, trota, sgombro.

Bassi livelli di EPA e DHA sono spesso associati a un aumento di contrarre morbo di Alzheimer, demenza, e perdita di memoria. Invece adeguati livelli aiutano, a gestire lo stress e a preservare il buon umore. Per chi osserva diete vegetariane o vegane è consigliabile aggiungere alla dieta i semi di lino o di chia.

3. Mirtilli: potenziano la memoria a breve termine.

Il consumo di mirtilli e' efficace nel migliorare la perdita di memoria a breve termine, benefiche sono anche il consumo di altra frutta e verdura di colore rosso scuro e viola (uva nera, ciliegie, fragole, lamponi, more...) che contengono le stesse sostanze protettive

4. Pomodori: prevengono i danni dei radicali liberi.

Ci sono ottime dimostrazioni che il licopene, un grosso antiossidante presente nei pomodori, aiuta a proteggere dai danni dei radicali liberi le cellule neurinali prevenendo la demenza, in particolare l'Alzheimer. Sia cotti che crudi, meglio consumarli con un po' di olio extravergine di oliva per migliorare l'efficacia del licopene.

5. Uova: ritardano l'atrofia cerebrale.

Le vitamine del gruppo B - B6, B12 e acido folico - sono riconosciute per ridurre i livelli del sangue dell'omocisteina. Livelli elevati di omocisteina portano ad un aumento di ictus, deterioramento cognitivo e malattia di Alzheimer. Usare alimenti ricchi del complesso della vitamina B come lievito di birra, uova, (in scaglie, ad uso alimentare), pesce, pollo, e verdure a foglia verde può giovare alla salute.

6. Le Arance riducono ansia e stress.

La vitamina C è fondamentale per il suo effetto benefico sulla mente e alcune ricerche confermano che una sua carenza e' un fattore di rischio per la degenerazione cerebrale dovuta all'età tra cui la demenza. Alcuni studi fanno capire che la vitamina C può essere utile nella gestione dell'ansia e dello stress. Una fonte ricca di questa vitamina vitale è il ribes nero, la si può trovare in abbondanza in peperoni, agrumi e broccoli.

7. I Semi di zucca migliorano memoria e umore.

I semi di zucca sono ricchi sono richhi di zinco, prezioso minerale in grado di migliorare la memoria e il pensiero. Questi piccoli semi inoltre,sono ricchi di magnesio, minerale anti stress, vitamine del gruppo B e triptofano, l'antenato della serotonina, il neurotrasmettitore del buon umore.

8. I Cavoli aiutano le capacità intellettuali.

Le brassicacee (verza, cavolo cappuccio, cavolo nero, broccolo, cavoletti di Bruxelles) sono una ottima fonte di vitamina K, nota per migliorare la la capacità cognitiva. Da alcuni studi si dimostra che, poiché le brassicacee hanno tanti glucosinolati, che aiutano a mantenere elevate le concentrazioni di neurotrasmettitori come l'acetilcolina, che serve per il corretto funzionamento del sistema nervoso centrale e per mantenere il cervello sano e i ricordi nitidi. Bassi livelli di acetilcolina sono associati all'Alzheimer.

9. Le Erbe aromatiche e spezie stimolano la memoria e la concentrazione.

Le spezie e le erbe aromatiche hanno la reputazione di poter migliorare la memoria e la concentrazione. E' una buona idea aggiungere pepperoncino, salvia, rosmarino, curcuma, e altro ancora basta che sia fresco o sotto forma di estratti secchi , alla dieta quotidiana.

10. Le Noci proteggono la funzione cerebrale.

Un buon apporto di vitamina E aiuta a prevenire il declino cognitivo, soprattutto negli anziani. Le noci sono una ottima fonte di vitamina E come altri tipi di frutta oleaginosa, come anacardi, noci pecan, mandorle, noci brasiliane, nocciole, asparagi, olive, verdure a foglia verde I semi di sesamo, girasole, uova lino e cereali integrali in genere.

Non è mai troppo tardi per essere ciò che avresti voluto essere.

E' importante l'esercizio fisico

N on bisogna mai dimenticare che oltre a una dieta sana, l'esercizio fisico aiuta a mantenere il cervello in forma. L'esercizio regolare migliora la funzione cognitiva, rallenta il processo di decadimento mentale e lo aiuta adessere più efficente.

Benefici psicologici della attività fisica

La attività fisica ci aiuta a mantenerci in buona salute e a evitare diverse malattie. Fare sport regolarmente, è anche un modo per accendere la mente, adottare decisioni e ad avere il benessere emotivo. I benefici psicologici della attività fisica, son molteplici.

Siamo soliti pensare che la mente e il corpo siano due entità diverse che non hanno nulla in comune. Non è così. Il corpo e la mente comunicano reciprocamente, lavorano insieme, non singolarmente.

Recenti studi hanno trovato che, non importa l'età o le condizioni fisiche, l'attività fisica offre fantastici effetti sull'apprendimento e il benessere emotivo. Vediamo ora alcuni benefici psicologici dell'esercizio fisico.

Il movimento è un rimedio che cambia lo stato fisico, emotivo e mentale di ogni individuo.

1. Aumenta l'autostima

le attività per prendersi cura del corpo e per ampliare i limiti della resistenza fisica aumentano la percezione positiva che una persona ha di sé.

Dopo lo sport, si ha una sensazione paragonabile al successo, quindi aumenta l'opinione positiva di sé. Lo sport migliora l'aspetto fisico in tempo breve. Il corpo si tonifica e questo rende più attraenti.

2. Attiva la chimica della felicità

Uno dei tanti effetti della attività fisica sul cervello è la produzione di endorfine, ossia sostanze chimiche che agiscono da neurotrasmettitori. Esse hanno la funzione di diminuire il dolore fisico, alla stregua dei farmaci, e di far sentire una sensazione di felicità.

Per questo, lo sport è indicato a chi ha soffre di depressione o semplicemente è giù di morale. Infatti con 15-20 minuti di attività fisica sono di grande aiuto quando siamoemotivamente tristi.

3. Riduce lo stress e l'ansia

L'attività fisica è molto buona per allentare la tensione muscolare, il che incide molto sui livelli di stress. Da una lato, aiuta a distrarre, e riduce gli stati d'allerta e l'ansia. Dall'altra, il lato ricreativo dello sport consente di diminuire drasticamente le tensioni emotive.

Ragazzo che si allena in palestra

Fare sport, aiuta al riassorbimento del cortisolo, noto con il nome scuientifico dell' ormone dello stress. Se abbiamo paura, ansia e angoscia il livello di cortisolo nell'organismo è importante. Durante l'esercizio fisico, l'organismo lo smaltisce e lo stress diminuisce.

4. Protegge contro il deterioramento cognitivo

Lo sport Influenza anche le nostre abilità cognitive. Se pratichiamo sport regolarmente, aumentano diverse sostanze chimiche nel cervello che riducono la degenerazione di alcuni neuroni dell'ippocampo.

In poche parole, l'attività fisica a garantisce il corretto funzionamento del cervello nonostante l'invecchiamento. Le persone con una vita sedentaria sono più destinati a malattie quali l'Alzheimer in età avanzata.

5. Facilita il controllo delle dipendenze

Lo sport è un'ottima soluzione per chi vuole smettere di fumare. Oltre a migliorare la capacità polmonare, riduce gli effetti collaterali dell'astinenza.

Lo sport aiuta a smettere con le dipendenze e favorisce la disintossicazione in vari sensi. Da un lato, aumenta la sensazione di controllo sul proprio essere. Dall'altra, favorisce l'utilizzo di abitudini di vita salutari, riducendo i sintomi dell'astinenza.

Questi sono alcuni dei benefici psicologici della attività fisica. Come vedete, non c'è bisogno di essere degli atleti. La cosa piu' intelligente è dedicare dai 15 ai 20 minuti al giorno allo sport. Se non è possibile, provate mezz'ora tre volte alla settimana, di sicuro noterete e apprezerete presto i miglioramenti.

L'unico limite alla nostra realizzazione di domani saranno i nostri dubbi di oggi.

I giorni felici sono quelli in cui non hai tempo di pensare

Muscioterapia

La musicoterapia è una materia basata sull'uso della musica come strumento , riabilitativo o terapeutico educativo.

Da molto tempo, è noto come l'ascolto e l'esecuzione di suoni e melodie agiscono sulle emozioni e sugli stati d'animo e, hanno anche delle proprietà rilassanti o stimolanti. Tuttavia, l'interesse scientifico si è concentrato sulla possibilità di utilizzare tale pratica come terapia complementare, in diverse condizioni patologiche.

La musicoterapia migliora la salute dei pazienti che si trovano in diversi stadi, semplificando il raggiungimento degli obiettivi di trattamento. L'esperienza musicale influenza, molteplici ambiti, come le capacità cognitive, le capacità motorie, lo stato emozionale, e la qualità della vita.

La musicoterapia e' applicata in gravidanza, a scuola o in terapia nei reparti di medicina oncologica, palliativa e geriatrica. A seconda del caso, I modi di approccio di questa tecnica sono diverse e prevodono, l'ascolto di brani, suonare con strumenti, l'improvvisazione, il canto, la danza e il movimento.

A scuola, la musicoterapia viene impiegata per scopi psicopedagogici, perchè contribuisce all'organizzazione di una personalità equilibrata e matura.

Ruolo della musica in medicina

Il binomio musica-corpo sin dall'antichità e' stato studiato, con la medicina moderna, si è approfondito le potenzialità curative dell'ascolto e della produzione di melodie, usando mezzi sempre più raffinati (neuroscienze).

Nel tempo, e' emerso che gli effetti benefici della musica, sia sulle capacità cognitive che su quelle fisiologiche dell'uomo; un obbiettivo di queste indagini e' stato quello di indicare quali malattie ne traevano giovamento dall'esperienza musicale.

Oggi, è risaputo che la disciplina può essere utilizzata molto bene con le terapie psichiatriche: l'ascolto e il canto possono riducono i sintomi della schizofrenia e controllano gli stati di agitazione associati alle demenze, migliorando la qualità di vita dei soggetti e dei loro familiari.

Alcuni risultati scientifici mostrano che la musicoterapia aiuta i bambini con disturbi dello spettro autistico, migliorando notevomente le loro capacità nell'interazione sociale, nella comunicazione verbal.

La terapia musicale è utilizzata anche nelle patologie che causano emarginazione (es. afasia, amnesia ecc.), permettendo al soggetto di esprimere e comunicare I suoi stati d'animo attraverso il linguaggio non-verbale. La musica può essere utilizzata come strumento per coadiuvare il movimento e la riabilitazione neurologica dopo l'ictus.

Altri studi registrano effetti benefici della musicoterapia sui livelli d'ansia in pazienti con gravi malattie cardiache e polmonari.

Infine, la musica e' stata efficace nel diminuire gli stati d'ansia e la percezione del dolore, come nei pazienti in attesa di interventi complessi

Cos'è la musicoterapia

La musicoterapia ha raggiunto un ruolo di rilievo negli interventi psicologici a partire dagli anni sessanta.

Questa tecnica prevede l'uso della musica per facilitare e favorire il raggiungimento di vari traguardi, quali l'insegnamento, la riabilitazione o l'accettazione della condizione patologica.

La musicoterapia viene eseguita con l'aiuto di un musicoterapeuta qualificato, che si rivolge a un singolo paziente o a un gruppo di persone al fine di promuovere degli interventi utili a sviluppare e a mantenere capacità cognitive, emozionali, sociali o fisiche (come il coordinamento motorio).

Per intraprendere un percorso con i pazienti, questi operatori devono avere capacità psicologiche oltre che mediche, ed avere un'esperienza nel campo della musica.

Le modalità di cura del musicoterapeuta è fondamentalmente di due tipi:

Musicoterapia attiva (suonare): l'interazione tra musicoterapeuta e soggetto avviene tramite la produzione di suoni utilizzando la voce, oppure di strumenti musicali o dei semplici oggetti;

Musicoterapica recettiva (ascoltare): si pratica ascoltando dei brani musicali; al paziente viene data una attività nella percezione, nell'immaginazione e nell'elaborazione delle melodie sottoposte.

Relazione corpo-musica

I risultati delle ricerche scientifiche, hanno stabilito che questa è in grado di influenzare l'e ipotalamo-ipofisario e il sistema nervoso autonomo (quello che controlla le funzioni involontarie come la digestione ed il battito cardiaco). Lavorando a tali livelli, il suono modula una serie di risposte metaboliche.

Il benessere mentale che si prova mentre si ascolta un brano, sarebbe dovuto alla capacità della melodia di stimolare le reti neurali correlate al piacere: le note attivano la produzione di endorfine, le quali migliorano lo stato emotivo e condizionano il rilassamento.

Scoperte più recenti dimostrano un ruolo attivo della musica nel recupero metabolico dallo stress, nella motilità intestinale e gastrica e nella riduzione di ansia, con un effetto benefico del sistema cardiovascolare. In alcuni casi, hanno mostrato vantaggi nel grembo materno.

Col passare degli anni, e' stato dimostrato gli effetti benefici sull'attività fisica: ascoltare musica mentre ci si allena aiuta ad aumentare la rapidità degli esercizi, la resistenza allo sforzo, migliorando le prestazioni sportive. Questo e' dato dal fatto che grazie alla stimolazione della parte cerebrale interessata nell'esecuzione dei movimenti.

Inoltre ha mostrato che ascoltare della musica durante l'esercizio fisico aiuta la coordinazione e la mobilità del corpo.

Campi di applicazione

I settori di intervento della musicoterapia sono la psichiatria, la neurologia con riferimento a:

Autismo infantile;
Sindrome di Tourette;
Ritardo mentale;
Disabilità motorie;
Morbo di Alzheimer ed altre demenze;
Morbo di Parkinson;
Ictus;
Amnesie;
Afasia e simili disturbi del linguaggio;
Psicosi;
Disturbi dell'umore;
Stati depressivi;
Disturbo bipolare;
Disturbi somatoformi (come le sindromi da dolore cronico);

Disturbi del comportamento alimentare (anoressia nervosa).

Gli obbiettivi della musicoterapia sono:

Aumentare la comunicazione per dare al sogetto la possibilità di esprime tranquillamente le proprie emozioni;
Diminuire i disturbi comportamentali incontrollabili (come l'aggressività, l'isolamento o la rabbia);
minimizzare l'uso degli psicofarmaci;

Musicoterapia durante l'infanzia

Nell' l'infanzia, la musica influenza lo sviluppo cognitivo, linguistico, emotivo e sociale del bambino, perche' stimola determinate aree cerebrali.

Imparare a suonare uno strumento, facilita l'apprendimento, migliora l' attenzione, coadiuva il controllo delle emozioni e l'espressione della creatività.

Durante l'infanzia, le attività musicali donano abilità nella lettura e nel riconoscere le parole, perchè, suonando con due mani, si attivano le cortecce di entrambi gli emisferidel cervello. Anche l'ascolto dona dei vantaggi, perche' il ritmo e le melodie danno effetti positivi sulla concentrazione.

Per questi motivi, la musicoterapia e' un ottima applicazione nella dislessia: i bambini impegnati a suonare uno strumento dimostrano un miglioramento nella lettura e della scrittura e anche nelle prove di segmentazione e fusione fonetica.

Nei bambini con sindrome di Down, la musicoterapia è associata a tecniche psicomotorie e di logopedia. Questa tecnica consente di migliorare la conoscenza del corpo, la percezione l'organizzazione temporale, la coordinazione motoria e la verbalizzazione.

In età infantile, la musicoterapia e' utile nella gestione dell'autismo, patologia affetta da una compromissione qualitativa dell'interazione sociale, che si rende manifesta mediante comportamenti non verbali anomali, impossibilità nello sviluppare relazioni con altri e mancanza della reciprocità emotiva. In questi soggetti, l'esperienza musicale ha l'obiettivo di sviluppare tecniche comunicative, aumentare l'empatia e rafforzare l'espressione delle emozioni. La musicoterapia permette, quindi, al mondo esterno di comunicare con il bambino autistico, aiutando l'inizio di un processo di apertura.

La canzone più rilassante secondo la scienza

Uno studio in Gran Bretagna ha consacrato il brano che riduce

1 'ansia negli ascoltatori. Mettetevi alla prova e scoprite l'effetto su di voi

Il potere della musica nell'influenzare lo stato d'animo è ben noto. Non stupisce sapere che alcune canzoni sono particolarmente adatte a portarti ad uno stato di benessere, altre al contrario aumentano l'eccitazione. Un gruppo di studiosi del Mindlab International (nel Regno Unito) ha voluto scoprire quale sia il brano più rilassante del mondo. Dalle ricercar si è scoperto che si tratta di "Weightless" di Marconi Union, in grado di ridurre l'ansia del 75%. Prova ad ascoltare della buona musica e annotati l'effetto che fa sulla tua persona.

Conclusioni

Pensa quel tanto che serve per fare scelte sensate, ma non fare in modo che i tuoi pensieri ti portino a smettere di vivere. Comprendi che quando pensi troppo trasformi una formica in un elefante, un problema in una tragedia, una goccia in un oceano e non perché sia così, ma perché quando pensi troppo crei una distorsione della realtà. Fai tua questa frase che esiste il <u>qui e ora</u> e ogni volta che la tua mente ti porta lontano, ripetilo. **<u>Qui e ora</u>**.

Impara a vivere senza che il continuo pensare ti distolga dall'unica cosa che conta: il momento in cui sei e che dovresti vivere con tutto te stesso.

Un abbraccio e buona vita te lo meriti.

L'unica gioia al mondo è cominciare. È bello vivere perché vivere è cominciare, sempre, ad ogni istante.

Grazie per aver letto fin qui! Ti sarei estremamente grato se dedicassi un minuto del tuo tempo per lasciare una recensione su Amazon riguardo il mio lavoro.

Un abraccio